AF687988

कुछ बीती यांदे

कुछ बीती यांदे

प्रकाश पंत

Copyright © प्रकाश पंत
All Rights Reserved.

This book has been self-published with all reasonable efforts taken to make the material error-free by the author. No part of this book shall be used, reproduced in any manner whatsoever without written permission from the author, except in the case of brief quotations embodied in critical articles and reviews.

The Author of this book is solely responsible and liable for its content including but not limited to the views, representations, descriptions, statements, information, opinions, and references ["Content"]. The Content of this book shall not constitute or be construed or deemed to reflect the opinion or expression of the Publisher or Editor. Neither the Publisher nor Editor endorse or approve the Content of this book or guarantee the reliability, accuracy, or completeness of the Content published herein and do not make any representations or warranties of any kind, express or implied, including but not limited to the implied warranties of merchantability, fitness for a particular purpose.

The Publisher and Editor shall not be liable whatsoever for any errors, omissions, whether such errors or omissions result from negligence, accident, or any other cause or claims for loss or damages of any kind, including without limitation, indirect or consequential loss or damage arising out of use, inability to use, or about the reliability, accuracy or sufficiency of the information contained in this book.

Made with ❤ on the BookLeaf Publishing Platform
www.bookleafpub.in
www.bookleafpub.com

Dedication

जय भूमिया बाबा

ये किताब मैं अपने माता-पिता को समर्पित करता हूँ।
जिनके आशीर्वाद और कृपा से ये सम्भव हो पाया।

Preface

ये कविताएँ और ग़ज़ल लिखना मेंने अपने कॉलेज के दिनों से शुरू किया

जब मैं और मेरे कुछ दोस्त लिखा करते थे। जिसमें डॉ पूरन जोशी और राजेन्द्र थे।

पूरन हिन्दी में राजेन्द्र अक्सर अंग्रेजी में लिखना पसंद करता था।

मै अक्सर जगजीत सिंह, गुलाम अली, को सुनता था।

गुलजार को पढ़ना और उनकी लिखी ग़ज़ल पढ़ना ये भी शौक था मेरा।

बस इन्हीं सब से मुझे भी कुछ लिखने की प्रेरणा मिली और ये सम्भव हो पाया

प्रकाश पंत

Acknowledgements

मैं अपने माता-पिता, गुरुओं, अपने परिवार और अपने सभी मित्रों का धन्यवाद
और आभार प्रकट करता हुँ। जिनके स्नेह,प्यार और आशीर्वाद से ये सब सम्भव हो पाया।

1. दोस्त चला गया

एक दोस्त युं ही चला गया सब छोड छाड के
आंटी ने रखी है उसकी एक तस्वीर संभाल के।
इस बार तुम आना थोड़ा वक्त निकाल के
कुछ गिले शिकवे करने है पुराने निकाल के।
कुछ सिक्क कमाने वो चला गया शहर
गांव में ले गया उसे कोई कुछ नोट उछाल के।
ये ठीक है की मैं पहले जैसा नही रहा
तुम भी देखना खुद को कभी आईना निकाल के।

2. फैला काजल

फैला काजल

फिर से आंखो फैला काजल
बहुत रोया कोई कहता काजल।
रात भर बरसी है शायद
आंखो का हाल बताता काजल।
कैसे आँख मिलाऊ उस से
भीगी आंखे ,गीला काजल।
उसका रंग ना पुछो हमसे
काली रात सा काला काजल।
पुरी रात फिर कोई रोया
सुबह देखा तो सुखी आँखे, सुखा काजल।
उसके दर्द को कैसे समझे
हंसती आँखे , हँसता काजल

3. भीगा आंचल

यूं ही अपना आंचल भीगोती होगी
माँ आज भी अकेली रोती होगी
बेटे की जिद थी फौज में जाने की
अब रात को मां कम सोती होगी।
वक़्त पर घर जाना सीखो
माँ को चिंता होती होगी।
बच्चो ने जब हिसाब मांगा
सोचो तब मां कितना रोती होगी।
बाबू जी घर देर से आऐ
मां को फिर से चिंता होती होगी।
सीमा पर शहीद हो गया बेटा।
मां गर्व से,हँसते-हँसते रोती होगी।

4. कुछ बौला था

उसने एक दिन बोला था
राज ये भी खोला था।
सब रद्दी के भाव बिके
मुझे सोने भाव तोला था।
मैं उस से मोहब्बत करती हुं
उस ने सब से बौला था।
मैं उस के घर के बाहर
और उस ने दरवाज़ खौला था।
मैं वो सुन ना पाया था
जो उस ने जाते वक्त बोला था
पास के शिव मंदिर जाती थी
नंदी के कान में कुछ बोला था।

5. कुछ मजबुरी थी

कुछ मजबुरी थी

कुछ युं भी मजबूरी थी
उससे रखनी दूरी थी।
एक बात जो कह ना पाया मैं
वो बात बहुत जरूरी थी।
दिल के आंगन घना अंधेरा
बाहर चाँदनी पूरी थी।
एक दिन पास आकर बैठ गया वो
और बीच हमारे सदियों की दूरी थी।
काजल लगा हुआ था उनपर
फिर भी आँख अधुरी थी।

6. झुठी कसमें

मुहब्बत युं भी निभाई हमने
उसकी झूठी कसमें खायी हमने
कुछ यांदो को भूल गए थे
कुछ को आग लगाई हमने।
उसके वादे वो ही जाने
अपनी बात निभाई हमने।
एक कैदखाना, आँखे उसकी
मांगी कंहा रिहाई हमनै।

7. मैंआईना हूं

मैं आईना हुं , आईना ही रहने दो मुझै
हकीकत से मेरा कोई वास्ता नही है।
जिसका जिक्र दोस्तों की महफिल में है
अब मेरा उससे कोई रिश्ता नंही है।
पहले हर बात पर मुस्कराता था
अब किसी बात पर हँसता नंही है।
बेवजह ना बहाओ इसे युं ही
ये मोती इतना सस्ता नंही है।

8. एक पुराना रिश्ता

वो पुल बह गया आज तेज बारिश में
जो जोड़ता था तेरे शहर को मेरे शहर से।
या मुझ को तुमसे जोड़ कर रखता था
जो जोड़ता था एक रिश्ते को दूसरे रिश्ते से।
जो जोड़ता था एक विचार को दूसरे विचार से
जो जोड़ता था एक एहसास को दूसरे एहसास से।
वो पुल जो दूरियां कम कर देता था
उसी पुल पर एक पुराना रिश्ता टूट गया।
उसी पुल पर एक हाथ से हाथ छूट गया
शायद झूठ बोलते है लोग की पुल जोड़ता है
वक़्त मिले तो आ कर देखना कभी
वो पुल बह गया आज तेज बारिश में।

9. एक शिकायत

जैसी देखती है वैसी नहीं है
जिंदगी इतनी आसां नहीं है।
सबकुछ यहां मिला है किसको
कौन है जिसे कमी नहीं है।
आसमाँ की भी एक शिकायत
उसके पास ज़मी नहीं है।
उम्मीद है तेरे लौट आने की
देखो साँसे थमी नहीं है।

10. किनारे जरूरी है

किनारे भी जरूरी होते हैं
सहारे भी जरूरी होते हैं।
मुमकिन नहीं हर बात कह पाना
कहीं-कहीं इशारे भी जरूरी होते हैं।
बिन काजल अधुरी सी है ये
नैन कजरारे भी जरूरी होते हैं।
चाँद ही सब कुछ नहीं होता
रात के लिए सितारे भी जरूरी होते हैं।
पिता के कांधे ही काफी नहीं
माँ के आंचल भी जरूरी होते हैं।

11. झूठी बातें करता था

जीने मरने की बातें करता था
वो कितनी झूठी बातें करता था।
उदास चहरे पर हँसी आ जाती थी
कभी-कभी वो ऐसी बातें करता था।
आज वो वक़्त पर सो जाता है
कभी जो रात भर बातें करता था।
हर बात पर उसकी यकीं आ जाता
वो रोज नए झूठे वादे करता था।
उसे पता था मुझे जुगनू पसंद है
और वो चाँद की बातें करता था।
कभी सुनाता था किस्से पुराने दिनों के
और कभी आज की बातें करता था
मुझे पता था उससे बिछड़ना तय है
वो अक्सर रस्मों रिवाज की बातें करता था।

12. भूलने लगा हूं

शायद तुम्हें भूलने लगा हूं मैं
इसलिये तुम्हें लिखने लगा हूं मैं 1
रातों का मेरी मुझे पता नहीं
आजकल दिन में तुम्हें सोचने लगा हूँ मैं 1
आजकल बेवजह मुस्कराते है वो
शायद उनके जहन में आने लगा हूँ मैं 1
एक मुद्दत बाद दिल को सुकून आ गया
अब जा के कहीं ठिकाने लगा हूँ मैं 1
दोस्त कहते है उदास चेहरा अच्छा नहीं लगता
उनको खबर दो मुस्कराने लगा हूँ मैं 1
कौन है जो ज़माने को खबर देता है
राज अब सारे छिपाने लगा हूँ मैं 1

13. करीब

पहले करीब थे, आज भी अच्छे लगते हैं
कुछ राज ,राज ही अच्छे लगते हैं ।
उनसे नजदीकियां भूल गया है दिल
फासले उनसे आज भी अच्छे लगते हैं।
क्या करोगे हमें हँसता हुआ देखकर
हम तो बिखरे, उदास ही अच्छे लगते हैं।
बढ़ा लिए उन्होंने फासले तो क्या हुआ
वो पास थे कभी , ये एहसास ही अच्छे लगते हैं।

14. कुछ जवाब तेरे

मेरे पास नहीं है जवाब तेरे
बहुत उलझे हुए है सवाल तेरे।
आखें देखकर एहसास हो गया
फिर शायद टूटे है ख़्वाब तेरे।
वक्त मिले तो आना कभी
करने है कुछ पुराने हिसाब तेरे।
खतों को अभी तक जलाया नहीं
आज भी संजोए है वो जवाब तेरे।
अपने सारे सवाल तो सुलझा लिए
बस अब सुनने है कुछ जवाब तेरे

15. जिंदगी आसां नहीं

जैसी दिखती है वैसी नहीं है
जिंदगी इतनी आसां नहीं है।
सबकुछ यहाँ मिला है किसको
कौन है जिसे कमी नहीं है।
आसमाँ की भी एक शिकायत
उसके पास ज़मी नहीं है।
उम्मेद है तेरे लौट आने की
देखो साँसे थमी नहीं है।

16. खो गए किनारे

डूब गयी कश्ती खो गए किनारे
अपनी ही जिंदगी में आए तूफान सारे।
अब किसको सोचूँ, अब किसको समझूँ
ना किसी की खामोशी, ना किसी के इशारे।
समेटे भी तो क्या क्या समेटे
कमरे में बिखरे है अरमान सारे।
बहुत कर ली आवारगी अब घर चलते हैं
घर पर होगी माँ इंतजार में हमारे।
तुम गए तो खामोशी आ गयी घर में
छत से भी उड़ गए परिंदे सारे।

17. फासले

सारे फासले मिटा कर बैठे है
वो हमारी महफिल में आ कर बैठे है।
इकरार कर रहे है अपनी मुहब्बत का
इसलिए शायद नजर झुका के बैठे है।
क्या फिर से कोई खता हुई हमसे
क्यूँ वो हमसे नजर चुरा के बैठे है।
एहसास हुआ है शायद उन्हें अपनी खता का
करीब तो है पर सर झुका के बैठे है।
एक वो है ,जिन्हें कदर नहीं हमारी
एक हम है जो सबकुछ लुटा के बैठे है।

18. इंतजार

कभी किसी के दिल का करार हम भी थे
कभी किसी के राज़दार हम भी थे।
खड़े रहते थे वो बहुत देर तक उस जगह
कभी किसी का इंतज़ार हम भी थे।
बच निकलने का हुनर सीख लिया दोस्तों से
नहीं तो उनके निशाने पर यार हम भी थे।
तुमने ही तो नहीं खोया अपना चैन सारा
किसी के लिए कभी बेक़रार हम भी थे।

19. एक नज्म

आज भी नहीं गई, मेरी चादर से
तेरे इत्र की खुशबु।
आज भी महकता है, मेरा कमरा उससे
ये सोच कर उसे कभी तेह नहीं किया।
कहीं पुरानी यादों में सिलवटें ना पड़ जाए।
बिछी हुई है आज भी पलंग पर मेरी
ये जानता हूं की तुम नहीं हो
लेकिन तुम्हारें होने का एहसास देती है ये।

20. तन्हा रात

जब कभी हम अक्सर प्यार की बातें करते हैं
गुजरी हुई तन्हा रात की बातें करते हैं।
जब कभी चार दोस्त बैठते है साथ में
बीते हुए साथ पलों की बातें करते हैं।
आ जाते है अश्क इन आखों में अक्सर
जब कभी वो पहली मुलाकात की बातें करते हैं।
इन दिनों जब सुख चुकी है ये आंखें
वो इन आखों से हुई बरसात की बातें करते हैं।
क्या रखा है बीते पंलो की याद में
आओ सब मिलकर आज की बातें करते हैं।

21. कुछ लिख देते है

लिखने का क्या है,कुछ भी लिख देते हैं
दर्द को भी दवा लिख देते हैं।
ज़ख्म पुराना भरा नहीं है अभी
नया एक ज़ख्म लिख देते हैं।
अपनी खामोशी बहुत लिखी है
कुछ तुम्हारी जुबानी लिख देते हैं।
हिज्र की काली रातों को
शाम सुहानी लिख देते हैं।
बड़े लोगों का यकीं नहीं कुछ
बच्चों की मनमानी लिख देते हैं।
बहुत दिनो से लिखा नहीं कुछ
तुम कहो तो कुछ लिख देते हैं।
नयी बातों का कुछ मतलब नहीं
एक बात पुरानी लिख देते हैं।
अपनों की बेरुखी का क्या लिखे
दोस्तो की मेहरबानी लिख देते हैं।

www.ingramcontent.com/pod-product-compliance
Lightning Source LLC
La Vergne TN
LVHW022033200926
848481LV00007B/2667

9798986481265